© Gregor Graf
2017
Herstellung und Verlag:
BoD – Books on Demand, Norderstedt
ISBN 9 – 783741 – 292286

Doch wenn ihr es unbedingt wissen wollt, ich war glücklich. Manchmal den ganzen Tag, manchmal ganze Stunden, manchmal nur ein paar Minuten.

Jaroslav Seifert
(1901-1986)

Gregor Graf, 1935 in Bern geboren, lebt seit vielen Jahren im deutsch- und französischsprachigen Biel/Bienne in der Schweiz. Bis zu seiner Pensionierung arbeitete er erfolgreich als Chemiker. Er liest viel, träumt gern und schreibt Gedichte.

gregor graf

leichter als ein schmetterling

gedichte
flüchtig wie der wind

frohgemut

trag ich
die idee
nach hause
wie einen
schönen
stein

du
trällerst so
fröhlich heut was
weht wohl durch dein
lockenköpfchen

zum träumen kam hinzu
der zarte duft ein lila
kaffeekringelchen

markttag

leer
geräumt
die stände
mondversilbert
häuser
gassen und
das münster

da und dort
noch blumen
blätter
welk auf
der straße

spiel mit mir

scherzt
das wort
schlüpft
flugs
ins blaue
heft

im berner bahnhof

bevor
die sterne
verblassten
schepperten
im milchgässli
die milchkannen

im wartehäuschen

so behaglich
bis die erste
straßenbahn
uns schrill
aus rosa
träumen
riss ein
kübelwagen
polterte

muttertag

im altenberg
so üppig
der flieder

für sie brach er
den schönsten
strauß

bis ihn
der gärtner
vertrieb

leo

du und ich

ein haus
aus liebe
luftig leicht
ohne enge
und
schön
warm

akelei

da
steht sie nun
elfenzart

im glühenden
schotter am
straßenrand

blassblaue
blüten
winken

fiebrig
fort nur fort
träumen

von goldenen
gärten
weißen

schleiern dem
welkenden
blau

nicht vergessen

das zirpen der grillen
den duft des heus

die flüchtige berührung
unserer hände

gebet im oktober

schenk mir noch ein wenig
sonne herr zärtlich und warm

sie tut so gut meiner seele und
dem was drum herum ist

gepriesen sei auch die pracht des
apfelbaums in nachbars garten
herr

der apfel so herrlich rot und
süß - fiel nicht vom baum
verzeih

der rotmilan

ohne flügelschlag höher und
höher dem lichte zu

ich schau himmelwärts verlach
die schwerkraft

versuch ein hüpferchen erst
kreise vorsichtig und dann

geradeaus zu dir

verkehrsinfo

von heute abend
viertel nach acht
stau zwischen
dir und mir

keine umfahrung
in sicht
wartezeit
voraussichtlich

zweimal
schlafen

waschtag

die geschichte
schon im
wäschekorb
bügelfeucht
nach sonne
duftend

aber da
flattern
ja noch
zwei
worte
im wind

spätsommer

wie leicht
sich lösen
die blüten
der rose

unsichtbar
woher das
sanfte
kommt

herbst

er stützt sich
auf den besen
lauscht

dem
lautlosen
fallen der
blätter

brissago blauband*

an jenem mittwochabend als er die
zigarrenasche mit einer leicht klopfenden
bewegung in den aschenbecher fallen
ließ rief er

tritt ein in meine welt im blauen dunst
lächelte behaglich aus heiter hellen
sphären seufzte ach die träume ein
wenig rauch und asche nur

* Zigarre der Fabbrica Tabacci Brissago SA

in der straßenbahn

sie lächelt
schreckt auf
steigt schnell
aus
verloren
im treiben
des schnees
die puppe
aus lumpen
genäht

der kranführer*

hoch oben sitzt
er dem himmel nah
hebt last um last

vom fluss hoch
nebel flüstern
locken süß da

bebt der kran
kracht
in die tiefe
eisen biegen
kreischen
endlos lang

ein vogel
taumelt
fällt sanft
in blaue
lichte
weiten

** 1941 beim Bau der neuen Eisenbahnbrücke
über die Aare bei Bern*

komm mit

zur roten brücke
dem steg unter den
gleisen - vielleicht

donnert ein dampfzug
über uns weg hechelt
und zischt

rattert über weichen
vorbei an schlafenden
gärten

unbekannten städten
wechselnden monden
und wolken bis

eines tages im herbst
der rauch erstarrt das
pochen verstummt

auf dem dachboden

so hin und wieder
halt ich das foto
in händen denke

ach ja

legs behutsam wieder
zu den briefen mit dem
blassrosa schleifchen

schmerzlich

ist's
wirklich
albtraum
traum
wenn die
liebe sich
neigt wie
der abend
in die
nacht
leis
und
stumm

es klingelt

zwei
sanfte
augen

lächeln
fragen
stumm

entgleiten
im nebel
der nacht

zu spät
mein
rufen

wo sie wohnt

unter dieser
wolke auf
der anderen
seite der berge
im dorf am ende
des regenbogens
wo das kleine
mädchen
hüpft auf
einem
bein

mutters nachttisch

im milden
licht der
kleinen
lampe

rot und
braun
vergilbt
das buch

die brille
der ring
ein taschentuch
die uhr

stand still
in dieser
nacht

ihr armband

tausend
goldene fäden
fein gewirkt

das parfum
längst verweht
soir de paris

dunkelblau
das fläschchen

sommernacht

da bin ich
lange
stehen
geblieben

lauschte
polonaisen
mazurken
dem valse
triste

chopin

zärtlich

gute nacht
kleiner
stern

gute
nacht
maman

leis
das licht
verlöscht

spaltweit
offen
die tür

himmel bedeckt

wolken
wie schafe
zerfließen zu
fratzen mit
knolligen
nasen
werden zu
fliegenden
fischen
jagen über
der stadt

gefunden

ein wort
ein klang
ein federchen

weiß
auf
himmelblau

schwebt
sanft hinab
ins dunkel

tief unten
der karpfen
staunt

für i

lavendelduft
um die nackten
füße

lauscht sie dem
flüstern von flieder
und hortensie

bückt sich
zur rose und
ihrem duft

sagt bienen
und hummeln
guten tag

trägt spinnen
behutsam
vor die tür

die rose

wie
macht
sie
nur
diesen
duft

und

dornen
dazu

dass sie dir immer zulächeln

der lavendel
der flieder
die rosen

die hortensie
der frauenmantel
voll tau

die bienen
die mücken
die wespen

die grillen
und auch
der rosenkäfer

der wind
die sterne
der mond

und morgen
für morgen
die sonne

das wort

ist es
schuh
flachs
oder
mond

schmetterling

sie passt nicht
in unsere zeit
passt nicht auf

verpasst den zug
passagier im
passatwind

pastellblau
und purpur
ihr kleid

ein sommertag

sie geht
leicht dahin
pfeift
vergnügt

sonnenkringel
auf der haut
kleider im
hohen gras

der zeitungsmann

schon immer stand er vor dem bahnhof
wo der neuner hält moosgrün sein hut
mit dem schwarzen schild zerkaut und
kalt die zigarre – kennedy ermordet
ruft er mit knarrender stimme

seit gestern seltsam der weite platz
tauben trippeln menschen eilen zu den
zügen suchen wissen nicht was der
neuner klingelt leiser

der straßenkehrer

buntes laub bedeckt die lange gasse
bedächtig schreitet er ein besenstrich
links ein besenstrich rechts legt frei
graue muster

schiebt die grüne karre vor sich her
gedankenschwer grüßt freundlich
lächelt inwendig lange wege
zurück

mittag

die hitze lastet linden
duften zart

im kebabwagen zwei
dunkle augen warten

dürüm mit viel scharf
treibt schweiß

gegenüber die frau im
blauen schürzenkleid

langt in den kübel mit
eis schmatzt saugt

ruft zwei burschen zu
schlurft zum bahnhof

ein hund bellt - über den
gleisen flimmert die luft

strandcafé

graublau silbern
glitzert der see
kinder laufen
lachen spielen
ball

sommerlich mild
schon das café
schiebt sie den
stubenwagen
hin und her

puppenkind
plappert stumm
lächelt süß isst
die schokolade
nicht

da schimpft die
frau schnauft
schwer spatzen
tschilpen baden
im sand

der tänzer

mitten im
sechsuhrgewimmel
des bahnhofs
breitet er die arme
aus

weist mit der rechten
hand zum himmel mit
der linken zur erde
schließt die augen

kreuzt die arme
vor der brust dreht
sich langsam wird
schneller gleitet
mit flinken füßen

ist leichter als
ein schmetterling
lauscht dem sanften
wiegen der gräser
im wind

wolke kommt wolke geht

zuerst hütete er schafe
hörte den berg und das
blöken der tiere

dann traf ihn die liebe
und wie sie schmerzt
und wieder flieht

dann trug er die braune
kutte und frische minze
im ärmel

dann fuhr er lastwagen
lauschte dem brummen
der motoren

dann wurde er still sah
nach innen von da wieder
nach außen klar und hell

leonhard

steißlingen

vertrieben vor
langer zeit aus
bunten gärten
dem dorf der
lichten sommer
wo kutschen
knirschten im
kies die tanten
fanny und rose
hießen

grau geworden
voller gedanken
sieht er wieder
das mädchen auf
der schaukel
staunt wie stark
der apfelbaum
geworden ist
wie süß die
früchte sind

in der schule

er hat bücher
hefte im pult
kichert wenn
die kreide
des lehrers
an der tafel
kratzt

steht
plötzlich auf
läuft zur tür
durch lange
gänge
gassen
ruft

sein vater
stumm als
schliefe er
im weichen
wind

dem wind
ohne
namen

wiegenlied

zigarrenrauch
am männertisch
damen nippen
grünen liqueur
lüster funkeln
samtvorhänge
dunkelrot
theaterschwer

zögerlich die
klinke geht
engelchen
im weißen
hemd weint
staunt
ins grelle
licht

da
hebt an
ein summen
ein zartes
lied mit
rosen
bedacht

erinnerung

festlich die tafel
fröhliches lachen
silberleuchter und
feinster tee

das schälchen
mit sieb hat
zwei ohren
links und rechts

verklungen
das sorglose
geplauder

nichts weiter

brot backen

der bäcker
die marie und
zehn gesellen

sie kneten
holen brote
aus der glut

summen
singen
jeder sein lied

da stockt
der leichte
gesang

mehlweiß
der meister
taumelt

hinüber in
die andere
zeit

drei kinder
die marie
verlassen

im duft vom
warmen
brot

für leo

als die linden noch wenig schatten gaben
die ligusterhecken in den vorgärten
niedrig das grün der fensterläden frisch

als er den bus bestieg weder ziel noch
weg wusste noch stunde noch tag
geborgen im warmen schoß der mutter

nichts wusste von schiffen stürmen
stürzenden kämmen der wellen schwarzen
nächten blues schmerz und hoffnung

nichts wusste von liebe nähe samba
honky tonk und angst vor dem ertrinken
kinderlachen kindertränen

nichts wusste von schmerzenden rücken
geschundenen händen der sehnsucht
nach frieden und wie schnell er verweht

nicht wusste wie viele bilder er malen wird
bis zu der stunde wo sein faden riss in der
schlucht zwei projektile in der brust

nicht wusste wie viele busse warten auf staubigen straßen bis er ankommt zu hause

die sehnsucht
im flug
der gänse
nach süden

unter dem
gefieder
träume
im warmen
flaum

endlich du

drei steine
aufeinander
getürmt
im nebel
für dich

herbstmond

voll gedanken
ging ich die
straße lang
ohne zeit
und ziel

plötzlich
der ginko
sommersatt
das laub wie
gold im
kreise lag

stieg
sorgsam
drüber
schritt
für
schritt

kelim

tausend und
eine nacht
verwoben
scheherazade
der duft von
ziegen und
kamelen
silber des
mondes
im brunnen
das gesicht

verblasst das foto

da sitzt er
auf der orgelbank
sucht noch einmal
bach lässt klingen
zinken flöten und
schalmeien
steigt hinab von
der empore

löscht das licht

ein windhauch so zart
vom engel sah man nur noch
schleier und füße

november

tau und tränen
letzte worte
da und dort

sie hebt auf
ein einziges
blatt

und eins
hängt noch
in den zweigen

die katze
einen buckel macht
dem mond

du liebe zeit

zum zeit
vertreiben
ging ich
auf den
markt kam
ohne was
nach haus

die zeit
vertrieben
ach

keine zeit
zur zeit

im wind noch

der letzte duft
der rosen

inhalt

- 7 frohgemut
- 8 du trällerst
- 9 zum träumen kam hinzu
- 10 markttag
- 11 spiel mit mir
- 12 im berner bahnhof
- 13 im wartehäuschen
- 14 muttertag
- 15 du und ich
- 16 akelei
- 17 nicht vergessen
- 18 gebet im oktober
- 19 der rotmilan
- 20 verkehrsinfo
- 21 waschtag
- 22 spätsommer
- 23 herbst
- 24 brissago blauband
- 25 in der straßenbahn
- 26 der kranführer
- 27 komm mit
- 28 auf dem dachboden
- 29 schmerzlich
- 30 es klingelt
- 31 wo sie wohnt

32 mutters nachttisch
33 ihr armband
34 sommernacht
35 zärtlich
36 himmel bedeckt
37 gefunden
38 für i
39 die rose
40 dass sie dir immer zulächeln
41 das wort
42 schmetterling
43 ein sommertag
44 der zeitungsmann
45 der straßenkehrer
46 mittag
47 im strandcafé
48 der tänzer
49 wolke kommt wolke geht
50 steißlingen
51 in der schule
52 wiegenlied
53 erinnerung
54 brot backen
56 für leo
58 die sehnsucht

59 endlich du
60 herbstmond
61 kelim
62 verblasst das foto
63 ein windhauch so zart
64 november
65 die katze
66 du liebe zeit
67 im wind noch